Maja von Vogel wurde 1973 geboren und wuchs im Emsland auf. Sie studierte Deutsch und Französisch, lebte ein Jahr in Paris und arbeitete als Lektorin in einem Kinderbuchverlag. Heute lebt Maja von Vogel als Autorin und Übersetzerin in Göttingen.

Sonja Egger ist 1967 im südösterreichischen Graz geboren. Nach einem Studienanlauf im Lehrgang für Bühnengestaltung an der Universität für Musik und darstellende Kunst in Graz und verschiedenen Branchenerfahrungen absolvierte sie eine Multimedia-Ausbildung mit Schwerpunkt Grafik und Mediengestaltung. Seit 2000 arbeitet sie freiberuflich als Verlags- und Werbeillustratorin in Wien.

© Verlag Heinrich Ellermann GmbH, Hamburg 2008
Die Erstausgabe erschien 2006 im Verlag Heinrich Ellermann GmbH, Hamburg
Alle Rechte vorbehalten
Einband und farbige Illustrationen von Sonja Egger
Reproduktion: Die Litho, Hamburg
Druck und Bindung: Westermann Druck Zwickau GmbH, Zwickau
Printed in Germany 2008
ISBN: 978-3-7707-3945-5

www.ellermann.de

Maja von Vogel · Sonja Egger

Kleine
Pony
Geschichten
zum Vorlesen

ellermann

Keine Angst vor Pferden, Jana!

»Wann sind wir denn endlich da?«, fragt Jule.
»Gleich«, sagt Jules Papa.
Jana sitzt neben Jule im Auto. Vor Aufregung hat sie ganz kalte Hände.
Heute machen sie einen Ausflug zu Jules Tante Margret. Und die hat einen eigenen Ponyhof! Jule findet Ponys toll, und Jana eigentlich auch. Aber sie mag Ponys und Pferde am liebsten auf Bildern oder in Büchern. Da können sie einem wenigstens nichts tun.
Als das Auto vor dem Ponyhof hält, kommt Tante Margret aus dem Haus.
»Na, wollt ihr gleich zu den Ponys?«, fragt sie.
»Na klar!«, ruft Jule.
Aber Tante Margret unterhält sich erst noch mit Jules Papa.
»Komm, wir gehen schon mal zur Weide«, sagt Jule und zieht Jana hinter sich her.
Auf der Weide stehen lauter Ponys. Sie kommen neugierig an den Zaun, als sie Jule und Jana sehen. Jana bekommt ein bisschen Herzklopfen. Die meisten Ponys kommen Jana ganz schön groß vor. Sie können bestimmt einfach über den Zaun springen, wenn sie wollen. Jule scheint das nichts auszumachen. Sie geht einfach zum Zaun und streichelt die Ponys.
»Pass auf, vielleicht beißen die ja«, sagt Jana.
Jule lacht. »Quatsch, die sind total lieb. Oder hast du etwa Angst?«

Jana schüttelt den Kopf. »Ich doch nicht!« Dabei klopft ihr Herz vor Angst wie verrückt. Aber das behält sie lieber für sich.

»Auf welchem möchtest du nachher reiten?«, fragt Jule. »Ich glaube, ich nehme Lukas.« Sie zeigt auf ein großes, braunes Pony.

Jana schluckt. »Weiß nicht, mal sehen«, sagt sie leise. Ihre Knie fühlen sich plötzlich ganz weich an. Am liebsten würde sie gar nicht reiten. Aber wenn sie sich nicht traut, hält Jule sie bestimmt für einen Angsthasen. Und das will Jana auf keinen Fall. Sie merkt, wie ihr die Tränen in die Augen steigen, und blinzelt sie schnell weg.

Da entdeckt Jana in der hintersten Ecke der Koppel noch ein Pony. Es ist etwas kleiner als die anderen und hat graues Fell. Es steht ganz ruhig unter einem Baum und frisst Gras. Jana geht näher an den Zaun und lässt das Pony nicht aus den Augen.

Plötzlich hebt das Pony den Kopf und schaut Jana an. Es sieht so aus, als würde es nachdenken. Dann trabt es langsam zum Zaun und bleibt direkt vor Jana stehen. Das Pony hat ganz dunkle Augen. Sie sehen sanft und lieb aus. Und kein bisschen gefährlich.

Jana merkt, dass sie auf einmal fast keine Angst mehr hat. Ganz langsam hebt sie die Hand und streichelt dem Pony über den Hals. Sein Fell fühlt sich weich und warm an. Richtig kuschelig. Am liebsten würde Jana es immer weiter streicheln.

Da kommt Tante Margret zur Weide. »Na, hast du dich schon mit Kasimir angefreundet?«, fragt sie. »Er ist unser liebstes Pony, das liebste Pony, das man sich vorstellen kann. Ihn bringt so schnell nichts aus der Ruhe.«
»Hallo, Kasimir«, flüstert Jana in Kasimirs Ohr. »Ich bin Jana.«
Kasimir spitzt die Ohren. Jana ist sich sicher, dass er jedes Wort verstanden hat. Dann schnaubt er seinen warmen Ponyatem in Janas Gesicht. Das kitzelt, und Jana muss kichern.
Wer weiß, vielleicht wird der Tag auf dem Ponyhof ja doch noch ganz schön.

Das schönste Pony der Welt

»Wo ist Eulalia?«, brüllt Prinz Kunibert und stürmt in das königliche Esszimmer.
König Karl verschluckt sich vor Schreck fast an seiner Wildschweinsuppe.
»Musst du so schreien?«, schimpft er. »Das gehört sich nicht für einen Prinzen.«
»Mir egal!«, schreit Kunibert. »Ich will wissen, wo Eulalia ist.«
Der König seufzt. »Verkauft. An Bauer Sauerbier.«
Kunibert wird kalkweiß im Gesicht. »Verkauft?«, fragt er ungläubig. »Du hast mein Lieblingspony einfach verkauft?«
»Allerdings«, sagt der König. »Ein Prinz kann nicht ständig auf einem Pony durch die Gegend reiten. Was sollen denn die Leute denken? Ich hab dir

stattdessen ein stattliches, schwarzes Ross gekauft. Es ist viel schöner als Eulalia und längst nicht so störrisch.«

»Eulalia ist nicht störrisch!«, schreit Prinz Kunibert. »Und sie ist das schönste Pony auf der ganzen Welt!«

Er rennt aus dem königlichen Esszimmer, aus dem königlichen Schloss und die königliche Zugbrücke hinunter.

»Wo willst du denn hin?«, ruft ihm König Karl hinterher.

»Zu Bauer Sauerbier«, ruft Kunibert zurück. »Ich will Eulalia wiederhaben!«

Aber das ist gar nicht so einfach. Der Pferdestall auf Bauer Sauerbiers Hof ist leer.

»Wo ist Eulalia?«, fragt Kunibert. »Ich möchte sie zurückkaufen.«

Der Bauer schüttelt den Kopf. »Das geht leider nicht. Ich hab Eulalia an den Hufschmied verkauft. Dieses Vieh war mir zu störrisch. Es ließ sich einfach nicht vor den Pflug spannen.«

»Eulalia ist nicht störrisch!«, ruft Kunibert. »Sie hat bloß keine Lust, einen Pflug zu ziehen. Und sie ist das schönste Pony der Welt!«

Schnell läuft Kunibert ins Dorf zum Hufschmied. Aber auch dort ist weit und breit keine Eulalia zu sehen.

»Das Pony von Bauer Sauerbier? Dieses winzige Pony mit dem struppigen Fell? Das hab ich gleich weiterverkauft, an den Lehrer«, erzählt der Hufschmied. »Es wollte meinen Karren nicht ziehen. Das störrische Vieh hat sich keinen Millimeter von der Stelle bewegt.«

»Eulalia ist nicht störrisch!«, ruft Kunibert. »Sie hat bloß keine Lust, deinen Karren zu ziehen. Außerdem ist sie das schönste Pony der Welt!«

Dann rennt er zur Schule. Der Lehrer sitzt mitten auf dem Rasen und reibt sich sein Hinterteil.

»So ein verflixtes Pony!«, schimpft er. »Hat mich einfach abgeworfen und ist weggelaufen, direkt in den Wald hinein. Na ja, jetzt bin ich das störrische Vieh wenigstens los.«

»Eulalia ist nicht störrisch!«, ruft Kunibert. »Sie hat bloß keine Lust, so dicke Männer wie dich zu tragen. Und sie ist das schönste Pony der Welt!« Dann macht er sich auf den Weg in den Wald. Dort ist es dunkel und unheimlich, aber er läuft trotzdem weiter. Immer Eulalias Hufspuren hinterher.

»Eulalia!«, ruft Kunibert. »Komm zurück!«

Da hört er plötzlich ein Wiehern, und eine dunkle Gestalt trabt auf ihn zu. Es ist Eulalia!

»Da bist du ja!«, ruft Kunibert erleichtert und schlingt seine Arme um Eulalias Hals. »Ein Glück, dass dir nichts passiert ist. Komm, wir reiten nach Hause.«

Eulalia wiehert zustimmend, und Prinz Kunibert schwingt sich auf ihren Rücken. Das Pony ist so klein, dass Kuniberts Füße fast den Boden berühren. Aber das ist Kunibert egal.

Kunibert beugt sich ganz weit nach vorne. »Für mich bist du nun mal das schönste Pony der Welt«, flüstert er Eulalia ins Ohr. »Und außerdem kein bisschen störrisch.«

Mias größter Geburtstagswunsch

»Guck mal, Mama!«, ruft Mia. Sie steht im Spielzeugladen und zeigt auf ein Stoffpony. Es hat rabenschwarzes Fell und ist fast so groß wie ein echtes Fohlen. »Das wünsche ich mir zum Geburtstag!«
Mama schaut auf das Preisschild. »Viel zu teuer. Such dir lieber etwas anderes aus.«
»Ich will aber nichts anderes!«, ruft Mia. »Ich will das Pony! Und dann nenne ich es Rico.«
Mia kann den ganzen Tag nur noch an Rico denken. Sie malt sogar ein Bild von ihm und zeigt es ihrer Freundin Sophie. Um Ricos Kopf tanzen lauter kleine Herzchen.

»Wie süß!«, ruft Sophie begeistert.

»In echt ist Rico noch viel süßer«, sagt Mia. »Wir können ihn ja mal besuchen. Er hat bestimmt schon Sehnsucht nach mir.«

Als Papa nachmittags zum Einkaufen fährt, dürfen Mia und Sophie mitkommen. Sie laufen sofort in den Spielzeugladen. Rico steht ganz hinten in der Ecke. Wie verzaubert bleibt Mia vor dem Stoffpony stehen und streicht ihm vorsichtig über das schwarze Fell.

»Ist er nicht toll?«, fragt sie. »Fass mal sein Fell an, das ist superweich.«

Sophie nickt. »Du musst Rico einfach haben! Bevor ihn irgendein anderes Kind kauft.«

Mia kriegt einen Schreck. Daran hat sie noch gar nicht gedacht. Das wäre ja schrecklich!

»Ich hab aber nicht genug Geld«, sagt sie traurig.

Sophie überlegt. »Wir können uns doch was verdienen!«, schlägt sie vor.

Mias Gesicht hellt sich auf. »Gute Idee! Und ich weiß auch schon, wie ...«

Zu Hause malen Mia und Sophie noch zwei Bilder von Rico. Eins verkaufen sie an Mias Mama und das andere an Sophies Oma. Sie bekommen für jedes Bild ein paar Münzen, die jetzt in Mias Brustbeutel klimpern. Das dritte Ponybild behält Mia selbst – damit sie nicht vergisst, wie Rico aussieht.

Am nächsten Tag ist Mias Geburtstag.

»Können wir schnell zum Spielzeugladen fahren?«, fragt Mia beim Frühstück.

Mama wundert sich. »Willst du nicht erst mal deine Geschenke auspacken?«

Mia schüttelt den Kopf. »Das mach ich später. Bitte, Mama! Dauert auch nicht lange.«

»Na gut.« Mama holt die Autoschlüssel. »Ist ja dein Geburtstag heute.«
Im Spielzeugladen läuft Mia sofort zu den Kuscheltieren. Ihren Brustbeutel drückt sie ganz fest an sich. Ob das Geld wohl für Rico reicht? Plötzlich bleibt Mia wie angewurzelt stehen. Rico ist weg! Mia sucht den ganzen Spielzeugladen ab, aber sie kann ihn nicht finden.
»Das Pony ist nicht mehr da«, sagt die Verkäuferin. »Es wurde gestern verkauft, tut mir leid.«
Mia lässt den Kopf hängen. Tränen steigen ihr in die Augen, und in ihrer Kehle sitzt ein dicker Kloß. Auf der Rückfahrt sagt sie kein einziges Wort. Zu Hause wartet Papa schon neben dem Geburtstagstisch. »An deiner Stelle würde ich das hier zuerst aufmachen«, sagt er und zeigt auf ein großes Paket.
Lustlos streift Mia das rote Geschenkband ab. Ohne Rico macht ihr der ganze Geburtstag keinen Spaß. Das Geschenkpapier knistert. Ein plüschiges Ohr kommt zum Vorschein. Mia hält den Atem an. Das Ohr kommt ihr bekannt vor. Und das rabenschwarze Fell auch. Schnell reißt sie das restliche Papier herunter.
»Rico!«, ruft sie. »Was machst du denn hier?«
»Rico wollte unbedingt zu dir«, sagt Mama. »Da war nichts zu machen.«
Mia drückt das Pony an sich. »Jetzt können wir zusammen Geburtstag feiern!«, flüstert sie ihm ins Ohr.

Das Kirmespony

»Guck mal, da hinten sind Ponys!«, ruft Laura und rennt über den Kirmesplatz. Papa kommt gar nicht so schnell hinterher. »Darf ich mal reiten?« Papa kramt in seiner Jackentasche. »Ich hab nicht mehr genug Geld dabei. Wir haben schon alles fürs Karussell, die Zuckerwatte und die gebrannten Mandeln ausgegeben.«
»Manno«, sagt Laura enttäuscht. »Wenn ich gewusst hätte, dass es hier Ponys gibt, hätte ich keine Mandeln gegessen.«
»Wir können ja morgen noch mal herkommen«, sagt Papa.
Laura schüttelt den Kopf. »Morgen ist die Kirmes doch schon vorbei.«
Sie betrachtet sehnsüchtig die Ponys. Sie haben fast alle ein Kind auf dem Rücken und laufen immer im Kreis herum.
»Ob den Ponys nicht irgendwann langweilig wird?«, fragt Laura.
Papa zuckt mit den Schultern. »Keine Ahnung. Komm, wir müssen nach Hause.«
Aber Laura will nicht nach Hause. Sie will noch ein bisschen bei den Ponys bleiben. Eins gefällt ihr besonders gut. Es ist braun-weiß gescheckt und sieht ein bisschen aus wie ein Indianerpony. Es läuft ganz langsam und hält den Kopf gesenkt.
»Hopp, hopp!«, ruft der Ponybuden-Besitzer. »Nicht einschlafen, Schecki!«
Als das Pony an Laura vorbeiläuft, flüstert sie: »Hallo, Schecki.«
Das Pony hebt den Kopf und spitzt die Ohren. Dann trabt es weiter.
Beim nächsten Mal streckt Laura die Hand aus und streicht vorsichtig über Scheckis Hals. Das Pony schnuppert kurz an Lauras Hand – und bleibt einfach stehen. Direkt neben Laura.

»Na, hast du keine Lust mehr?«, fragt Laura leise und krault Scheckis Mähne.

Schecki schnaubt. Das klingt fast wie ein Ja, findet Laura.

»He, mein Pony ist stehen geblieben!«, quengelt der Junge auf Scheckis Rücken.

»Lauf, Schecki!«, ruft der Ponybuden-Mann. »Hopp, hopp!«

Aber Schecki bewegt sich keinen Millimeter. Der Junge verzieht das Gesicht und fängt an zu heulen.

»Dafür haben wir aber nicht bezahlt«, schimpft sein Vater.

Der Ponybuden-Besitzer kratzt sich am Ohr. »Ich weiß auch nicht, was heute mit Schecki los ist. Er ist schon den ganzen Nachmittag so störrisch.«

»Vielleicht ist Schecki ja müde«, sagt Laura.

»Wer bist du denn?«, fragt der Ponybuden-Besitzer.

»Ich bin Laura«, sagt Laura. »Und Schecki ist mein Freund.«

Schecki schnaubt zustimmend.

»Na, so was«, sagt der Ponybuden-Besitzer. »Und was machen wir jetzt?«

»Ich hab eine Idee«, sagt Laura.

Sie nimmt Scheckis Halfter und geht ein paar Schritte. Schecki läuft brav neben ihr her.
»Hm«, brummt der Ponybuden-Besitzer. »Schecki scheint dich wirklich zu mögen. Willst du ihn vielleicht eine Runde führen? Danach machen wir sowieso Feierabend.«
»Klar«, sagt Laura und geht los. Schecki kommt sofort mit, und Laura führt ihn einmal im Kreis herum. Sie ist ganz schön stolz.
»Schluss für heute!«, ruft der Ponybuden-Besitzer, und alle steigen ab.
»Willst du noch eine Runde reiten?«, fragt der Mann Laura. »Umsonst natürlich, weil du mir aus der Klemme geholfen hast.«
»Au ja!«, ruft Laura, und der Mann hebt sie auf Scheckis Rücken.
Das Pony setzt sich sofort in Bewegung, und Laura winkt Papa zu.
»Na also, jetzt hast du es ja doch noch geschafft«, sagt Papa und winkt zurück.
Laura nickt. »Reiten ist viel besser als Karussell fahren, Zuckerwatte und gebrannte Mandeln! Stimmt's, Schecki?«
Schecki wiehert fröhlich, und Laura lacht.

Lenas Traumpony

Lena kann nicht einschlafen. Sie betrachtet das Ponyposter über ihrem Bett und seufzt. Lena liebt Ponys über alles. Sie hätte so gerne ein eigenes Pony. Aber Mama und Papa sagen, ein Pony kann man nicht in der Wohnung halten.
Lena gähnt, und ihre Augen werden immer kleiner. Langsam schläft sie ein und beginnt zu träumen. Im Traum liegt Lena nicht mehr in ihrem Bett, sondern steht mitten auf einer Wiese. Die Sonne scheint, und das Gras duftet. Lena hört ein Geräusch hinter sich und dreht sich um. Ihre Augen werden vor Überraschung kugelrund: Vor ihr steht ein wunderschönes Pony! Sein weißes Fell glänzt in der Sonne, und die lange Mähne schillert wie Seide. Das Pony kommt Lena irgendwie bekannt vor.
»Du bist doch das Pony von meinem Poster, oder?«, fragt sie.
Das Pony nickt. »Ich bin dein Traumpony. Solange du schläfst, gehöre ich dir.«
»Ehrlich?« Lena kann es kaum glauben. »Das ist ja toll! Und was machen wir jetzt?«
»Wie wär's mit einem kleinen Ausritt?«, schlägt das Pony vor.
Lena zögert. »Eigentlich kann ich gar nicht richtig reiten. Ich hab erst einmal auf einem Pferd gesessen.«
»Im Traum kannst du alles, was du willst«, sagt das Traumpony. »Und ich auch. Probier's einfach aus.«
»Na gut.« Lena klettert vorsichtig auf den Ponyrücken.
Das Traumpony trabt los, und Lena hält sich schnell fest. Hoffentlich fällt sie nicht herunter! Das Pony läuft schneller und schneller. Die seidige

Mähne weht Lena ins Gesicht, und das weiße Fell fühlt sich schön warm an. Lenas Angst verfliegt.

»Reiten ist toll!«, ruft sie und lacht. »Am liebsten würde ich bis zu den Sternen galoppieren!«

»Kein Problem«, wiehert das Traumpony und läuft noch schneller. Seine Hufe trommeln über den Boden. Lena schlingt die Arme um den Ponyhals und drückt ihr Gesicht gegen das weiche Fell. Da breitet das Traumpony zwei große Flügel aus und hebt ab. Lena fühlt sich leicht wie eine Feder.

»Hurra, wir fliegen!«, jubelt sie.

Erst dreht das Traumpony eine Runde über der Wiese, dann schwebt es immer höher. Sie fliegen an der Milchstraße vorüber, immer weiter, bis zum Mond. In der Ferne kann Lena sogar die Sonne erkennen, die wie ein glühender Ball am dunklen Himmel steht.

»Ich wusste gar nicht, dass es im Weltall so schön ist«, staunt Lena.

Um den Mond herum tanzen überall die Sterne. Sie glitzern und funkeln wie verrückt. Da saust plötzlich ein besonders heller Stern über den Himmel. Er hat einen langen, goldenen Schweif.

»Wie schön!«, ruft Lena. »Was war denn das für ein Stern?«

»Das war eine Sternschnuppe«, sagt das Traumpony. »Jetzt darfst du dir etwas wünschen.«

Lena überlegt. Und während das Traumpony langsam zurück zur Erde schwebt, flüstert sie: »Ich wünsche mir, dass Mama und Papa mit mir auf den Ponyhof fahren!«

Lena wirft einen letzten Blick zurück zu den funkelnden Sternen. Aber dann kann sie plötzlich gar nichts mehr sehen. Ein grelles Licht blendet Lena so sehr, dass sie blinzeln muss ...

»Lena, aufstehen!«

Lena schlägt die Augen auf. Die Sonne scheint genau in ihr Gesicht. Neben ihrem Bett steht Mama.

»Wo ist das Traumpony?«, fragt Lena.

Mama lacht. »Im Land der Träume vermutlich.«

»Schade!« Lena macht ein enttäuschtes Gesicht.

»Aber auf dem Ponyhof gibt's echte Ponys«, sagt Mama. »Und da fahren wir heute hin. Freust du dich?«

»Super!« Lena springt auf und gibt Mama einen Kuss. Dass ihr Wunsch so schnell in Erfüllung gehen würde, hätte sie nicht gedacht.

Dann schaut sie noch einmal zu dem Poster über ihrem Bett. Und sie ist sich ganz sicher, dass ihr das Traumpony blitzschnell zuzwinkert.

Kleines Pony ganz groß

»Du willst beim Kinderturnier mitreiten?«, fragt Kathrin. »Auf Pummel? Der ist doch viel zu klein! Und zu dick.«
»Quatsch!«, ruft Lea und sieht Kathrin wütend an. »Pummel ist überhaupt nicht zu dick. Und beim Turnier dürfen alle Ponys mitmachen, auch die kleinen.«
»Ich werde auf jeden Fall zuschauen«, sagt Kathrin und lacht. »Das wird bestimmt lustig.«
»Blöde Kuh«, murmelt Lea, als sie zur Weide geht. »Die hat doch keine Ahnung.«
Pummel wiehert ihr zur Begrüßung fröhlich zu, und Leas Laune bessert sich gleich wieder ein bisschen.

Birgit, die Pferdepflegerin, holt das Pony von der Weide und bindet es am Zaun fest. »So, jetzt machen wir Pummel erst mal richtig schön«, sagt sie.
Birgit und Lea striegeln Pummels Fell so lange, bis es in der Sonne glänzt. Dann kämmen sie Pummels Mähne und flechten kleine Zöpfchen hinein.
»Toll siehst du aus, Pummel!«, sagt Lea schließlich. »Du bist bestimmt das schönste Pony auf dem ganzen Turnier.«

Stolz führt sie ihr Pony zum Reitplatz. Hier ist schon alles für das Turnier vorbereitet. Als Lea die Zuschauer sieht, bekommt sie plötzlich Herzklopfen. Sie hätte nicht gedacht, dass bei dem Turnier so viele Leute zuschauen. Kathrin steht ganz vorne in der ersten Reihe und winkt Lea zu.
»Bist du auch so aufgeregt wie ich?«, flüstert Lea Pummel ins Ohr.
Pummel schnaubt und stupst Lea aufmunternd mit der Nase an.
»Du hast Recht«, sagt Lea. »Zusammen schaffen wir das schon.«
»Hier kommen die ersten Teilnehmer«, verkündet Frau Lachner, die Reitlehrerin, in diesem Moment. »Lea und Pummel. Für beide ist es das erste Turnier. Viel Glück!«
Die Zuschauer klatschen. Birgit hilft Lea beim Aufsteigen. Und dann geht es auch schon los.
Lea reitet auf den Turnierplatz. Pummel steigt über zwei dicke Baumstämme, ohne sie mit den Hufen zu berühren. Genauso wie Lea und er es geübt haben. Die Zuschauer klatschen. Pummel wiehert übermütig und wird ein bisschen schneller.
»Super!«, lobt ihn Lea. »Gleich haben wir's geschafft.«
Kurz vor dem Ziel hat Pummel es so eilig, dass er beim letzten Hindernis ein bisschen stolpert. Zum Glück fällt Lea nicht hinunter, und sie reiten gemeinsam durchs Ziel.
»Tolle Leistung!«, sagt Frau Lachner. »Ein fast perfekter Ritt.«
Lea ist froh, dass sie fertig sind und jetzt den anderen Kindern beim Reiten zuschauen können. Ob sie besser sind als Lea und Pummel? Vor lauter Aufregung hüpft Lea die ganze Zeit von einem Bein aufs andere.
Am Ende des Turniers verkündet Frau Lachner: »Jetzt kommen wir zur Preisverleihung.«
»Daumen drücken!«, flüstert Lea Pummel zu.

Die ersten beiden Plätze belegen zwei andere Kinder. Aber dann ruft Frau Lachner: »Dritter Platz: Lea und Pummel! Herzlichen Glückwunsch!« Die Zuschauer klatschen wie verrückt. Auch Kathrin. Lea wird rot vor Freude. Sie haben es tatsächlich geschafft! Jetzt wird sich bestimmt niemand mehr über sie lustig machen. Sie und Pummel haben es allen gezeigt!

Lukas, der Spurensucher

Lukas und Oma sitzen am Abendbrottisch. Nur Opa fehlt noch.
»Opa kommt gleich«, sagt Oma. »Er füttert noch die Ponys.«
Auf dem Bauernhof von Oma und Opa gibt es jede Menge Tiere. Hühner, Schweine, Katzen, einen Hund und zwei Ponys. Die Ponys mag Lukas am liebsten. Sie heißen Jenny und Jockel.
Da stürmt Opa in die Küche. »Jenny ist weg!«, ruft er. »Das Gatter war nicht richtig zu, da ist sie weggelaufen. Wir müssen sie suchen.«
»Darf ich mitkommen?«, fragt Lukas. »Bitte!«
Oma runzelt die Stirn. »Ich weiß nicht. Es dämmert schon. Vielleicht fürchtest du dich ja im dunklen Wald.«
»Bestimmt nicht!«, ruft Lukas.
Aber als er etwas später zwischen Oma und Opa den Waldweg entlangläuft, ist ihm doch etwas mulmig zumute. Die Sonne ist untergegangen, und die Bäume werfen dunkle Schatten. Überall knackt und knistert es. Lukas schluckt und greift nach Opas Hand.
»Jenny, wo bist du?«, ruft Oma. Aber Jenny lässt sich nicht blicken.
Der Mond geht auf und taucht alles in ein silbriges Licht. Plötzlich gabelt sich der Weg.
»Hm.« Opa überlegt. »Jenny ist bestimmt nach rechts gelaufen. Zu der Wiese mit dem saftigen Gras.«

Oma nickt. »Das glaube ich auch.«
Aber Lukas hat auf dem linken Weg etwas entdeckt. Im Mondlicht kann er es nicht richtig erkennen, darum holt er seine Taschenlampe heraus. Die hat er extra noch in seinen Rucksack gesteckt. Er knipst die Lampe an und leuchtet damit über den feuchten Waldboden.
»Schaut mal!«, ruft er aufgeregt. »Hufspuren!«
Opa holt seine Brille aus der Hemdtasche, setzt sie auf und beugt sich zu Lukas hinunter.
»Tatsächlich!«, sagt er. »Also ist Jenny doch nach links gelaufen.«
Aufgeregt geht Lukas weiter. Im Licht seiner Taschenlampe sind die Hufspuren deutlich zu erkennen.
»Hier ist Jenny abgebogen!«, ruft Lukas und zeigt auf einen schmalen Pfad, der mitten in den Wald führt.
Der Pfad wird immer enger und der Wald immer dichter. Der Boden ist mit Moos und Zweigen bedeckt, und irgendwann kann Lukas keine Hufspuren mehr erkennen.
»Ich fürchte, wir müssen umkehren«, sagt Opa. »Hier kommen wir nicht weiter.«
Plötzlich bleibt Lukas stehen und spitzt die Ohren.
»Was ist los?«, fragt Oma.
»Ich hab was gehört«, flüstert Lukas. »Ein Geräusch.«
Oma und Opa lauschen auch, aber sie hören nichts.
»Es ist einfach zu dunkel, wir müssen morgen weitersuchen«, sagt Oma.
Aber Lukas ruft: »Da! Schon wieder! Klingt wie ein Schmatzen.«
Jetzt haben Oma und Opa es auch gehört. Sie biegen vom Weg ab und laufen zwischen den Bäumen hindurch. Lukas' Herz klopft wie verrückt. Sie gelangen auf eine kleine Lichtung mit lauter Apfelbäumen. Und zwi-

schen den Bäumen steht ein Pony im Mondlicht und frisst laut schmatzend einen Apfel nach dem anderen.
»Jenny!«, ruft Lukas und fällt dem Pony um den Hals.
»Gut, dass du mitgekommen bist, Lukas«, sagt Oma. »Sonst wären wir glatt an Jenny vorbeigelaufen. Du bist ein prima Spurensucher.«
Opa hebt Lukas auf Jennys Rücken. »Genau. Darum darfst du auch nach Hause reiten.«
»Und dann gibt's endlich Abendbrot!«, ruft Lukas. »Vom Spurensuchen kriegt man nämlich einen Mordshunger!«
Jenny schnaubt zustimmend, und Oma und Opa lachen.

So ein Schaukelpferd ist gar nicht übel

»Gewonnen!«, ruft Felix und schwenkt sein Los. »Krieg ich jetzt den Fußball?«
»Zeig mal her«, sagt der Mann von der Losbude. Dann schüttelt er den Kopf. »Nein, du bekommst etwas anderes.«
Er holt etwas Schweres unter dem Tisch hervor. Felix macht große Augen. »Ein Schaukelpferd?!«, fragt er. »Aber das ist doch was für Babys! Kann ich nicht lieber den Fußball haben?«
Der Mann zuckt mit den Schultern. »Tut mir leid, da kann ich nichts machen.«
Zu Hause stellt Felix das Schaukelpferd in die hinterste Ecke seines Zimmers. Schließlich ist er schon viel zu alt für so einen Babykram. Außerdem findet er Schaukelpferde sowieso doof. Felix spielt lieber mit seiner Ritterburg. Er lässt die kleinen Plastikritter über die Zugbrücke galoppieren und die feindliche Burg stürmen. Dreimal hintereinander. Dann wird es ihm zu langweilig. Felix überlegt. Was könnte er jetzt spielen? Da fällt sein Blick auf das Schaukelpferd. Ob er es doch mal ausprobieren soll?

Hier sieht ihn ja niemand. Felix holt das Pferd aus der Ecke und schwingt sich auf seinen Rücken. Dann fängt er an zu schaukeln. Vor und zurück, vor und zurück ...
Plötzlich macht es richtig Spaß. Die Holzgriffe, an denen Felix sich festhält, werden zu Zügeln. Braune Mähne weht ihm ins Gesicht, und der Wind pfeift ihm um die Ohren. Felix trägt eine schwere Ritterrüstung und galoppiert auf seinem Schlachtross auf die Burg zu. Er hat fast das Gefühl zu fliegen ...
»Yippiiiiiie!«, ruft er. »Schneller, Sturmwind, schneller!«
Sturmwind wiehert und legt noch einen Zahn zu. Da hört Felix auf einmal lautes Fauchen hinter sich. Er dreht sich um – und fällt vor Schreck fast vom Pferd. In letzter Sekunde klammert er sich an Sturmwinds Mähne fest. Er kann kaum glauben, was er gerade gesehen hat. Werden sie wirklich von einem Drachen verfolgt? Da ertönt das Fauchen wieder, und ein heißer Lufthauch streift Felix' Wange. Der Drache spuckt Feuer!
»Na warte!«, ruft Felix. »Dir werd ich's zeigen!«
Er treibt sein Pferd noch stärker an, und sie fliegen auf die Burg zu. Aber der Drache kommt immer näher. Er faucht wütend und hüllt Felix und sein Pferd in dichte Rauchwolken. Felix muss husten. Da taucht plötzlich der Burggraben vor ihnen auf. Oh nein! Die Zugbrücke ist hochgezogen.
»Aufmachen!«, ruft Felix. »Wir werden von einem Drachen verfolgt!«
Langsam beginnt die Zugbrücke, sich zu senken. Viel zu langsam. Bis sie ganz unten ist, hat der Drache Felix längst zum Abendbrot verspeist. Es gibt nur eine Möglichkeit, wie er sich und sein treues Schlachtross in Sicherheit bringen kann. »Spring, Sturmwind!«, ruft er, so laut er kann.
Das Pferd setzt zum Sprung an und fliegt mit Felix durch die Luft. Quer über den Burggraben. Sie schliddern über die Zugbrücke und landen im

Burghof. Felix wirft einen Blick zurück. Zum Glück konnte der Drache nicht so schnell bremsen. Er ist mitten im Burggraben gelandet und faucht wütend. Aber jetzt kommt kein Feuer mehr aus seinen Nasenlöchern, sondern nur noch feuchter Qualm. Felix lacht und klopft seinem Pferd auf den Hals. »Wir haben es geschafft, Sturmwind! Jetzt sind wir in Sicherheit.«
Da öffnet sich plötzlich die Zimmertür. »Abendbrot!«, ruft Mama. Felix schaut sich um. Er ist wieder in seinem Zimmer, und das Schlachtross hat sich in ein Schaukelpferd zurückverwandelt.
»Ich komme gleich!«, ruft Felix zurück. Er streicht dem Pferd über den hölzernen Hals und sagt leise: »Aber vorher muss ich noch mein treues Schlachtross in den Stall bringen.«

Ponys sind doch Mädchenkram – oder?!

»Ponys sind doofer Mädchenkram«, sagt Tim. »Damit will ich nichts zu tun haben.«
Er setzt sich auf die Bank neben der Weide und starrt missmutig vor sich hin. Warum mussten sie mit der Kindergartengruppe bloß einen Ausflug zum Ponyhof machen? Tim wäre viel lieber zum Baggersee gefahren. Oder in den Zoo. Aber die anderen finden Ponys toll, besonders die Mädchen.
»Guckt mal, wie niedlich«, ruft Mareike und streichelt ein braunes Pony, das direkt am Zaun steht.
»Dürfen wir nachher auch mal reiten?«, fragt Sophie.
Beate, die Frau vom Ponyhof, nickt. »Na klar. Jeder sucht sich ein Pony aus, und dann führe ich euch herum.«
Tim betrachtet die Ponys und überlegt, welches er sich aussuchen würde. Aber eigentlich will er ja gar nicht reiten. Da hebt das braune Pony plötzlich seinen Schweif und lässt ein paar dampfende Pferdeäpfel auf die Weide fallen. »Iih!«, ruft Mareike und macht schnell einen Schritt nach hinten. »Das Pony hat auf die Weide gekackt!«

Das braune Pony schüttelt seine Mähne und wiehert. Tim kichert. Es sieht fast so aus, als würde das Pony Mareike auslachen. Vielleicht sind Ponys ja doch nicht so blöd. Tim steht auf und geht langsam zum Zaun hinüber.
»Das ist Schoko«, sagt Beate. »Er ist ganz schön frech. Aber du kannst ihn ruhig streicheln, er tut dir nichts.«
Es gefällt Tim, dass Schoko frech ist. Denn das ist er selbst manchmal auch.
»Hallo, Pony«, sagt Tim und legt seine Hand auf Schokos Hals.
Das Pony bleibt ganz ruhig stehen und schnaubt zufrieden.
»Ich glaube, Schoko mag dich«, sagt Beate.
»Meinst du?«, fragt Tim. »Ich wusste gar nicht, dass Ponys so ein weiches Fell haben.«
Tim streichelt immer wieder über Schokos Hals. Das Fell fühlt sich ganz warm an.
»Willst du nachher auf Schoko reiten?«, fragt Beate.
Tim nickt. Da schnaubt Schoko ihm direkt ins Gesicht.
»He, du Frechdachs!«, ruft Tim. Das sagt seine Mutter auch immer zu ihm. Während Beate den anderen Kindern den restlichen Ponyhof zeigt, bleibt Tim bei Schoko.

»Ich pass lieber auf, dass er nichts anstellt«, sagt er. Tim und Schoko verstehen sich prima. Sie pusten sich gegenseitig an, laufen am Zaun entlang und spielen »Wer wiehert am lautesten?«. Natürlich gewinnt Schoko.
Dann kommen die anderen zurück, und die Reitstunde beginnt. Tim ist als Erster dran. Sein Herz klopft, als Beate ihn auf Schokos Rücken hebt. Von unten sah Schoko nicht so groß aus.
»Jungs können doch gar nicht reiten!«, sagt Mareike, und Tim streckt ihr schnell die Zunge raus.
»Wirf mich bloß nicht ab!«, flüstert er Schoko ins Ohr.
Schoko schnaubt und geht langsam los. Beate führt ihn am Halfter.
»Ganz schön wackelig«, sagt Tim und hält sich an Schokos Mähne fest. Aber er fällt nicht runter. Und mit der Zeit gewöhnt er sich auch an das Schaukeln. Eigentlich ist Reiten gar nicht so übel.
»Prima!«, sagt Beate, als sie wieder am Gatter ankommen.
»Darf ich noch eine Runde reiten?«, fragt Tim. »Bitte!«
»Später vielleicht«, sagt Beate und hebt Tim von Schokos Rücken. »Jetzt sind erst mal die anderen dran.«
»Für einen Jungen reitest du gar nicht so übel«, sagt Mareike. »Aber ich dachte, du willst nichts mit Ponys zu tun haben.«
»Ich hab's mir anders überlegt«, sagt Tim und streichelt Schokos Rücken. »Manche Ponys sind eben auch was für Jungs.«

Eine aufregende Kutschfahrt

Maike ist zu Besuch bei Onkel Kurt und Tante Margot auf dem Bauernhof. Und bei ihren Cousins Till und Jonas.
»Heute machen wir etwas ganz Besonderes«, sagt Till beim Frühstück geheimnisvoll. Till ist schon zehn und hat immer super Ideen.
»Was denn?«, fragt Maike.
Aber Till verrät nichts. Als Maike nach dem Frühstück aus dem Haus kommt, reißt sie die Augen auf: Mitten auf dem Hof steht eine Kutsche! Und vor die Kutsche ist Max gespannt, das Pony von Till und Jonas.
»Einsteigen, bitte«, sagt Till. »Gleich geht es los.«
»Eine Kutschfahrt – toll!«, ruft Maike und klettert in die Kutsche.
Till setzt sich auf den Kutschbock und nimmt die Zügel in die Hand.
Da kommt Jonas aus dem Haus gerannt. »He, wartet auf mich!«, ruft er und schwenkt einen Korb. »Mama hat uns noch was zu essen eingepackt. Dann können wir unterwegs ein Picknick machen.«
Tante Margot streckt den Kopf aus dem Küchenfenster. »Aber verfahrt euch nicht im Wald«, sagt sie. »Bleibt immer da, wo ihr euch auskennt.«
»Ja, ja«, sagt Till. »Ich fahr doch nicht das erste Mal mit der Kutsche.«
Er klatscht mit den Zügeln auf Max' Rücken, und das Pony setzt sich langsam in Bewegung.

Maike winkt Tante Margot zum Abschied zu. Max trabt vom Hof und biegt in die Straße ein. Seine Hufe klappern auf dem Asphalt. Zum Glück ist kaum Verkehr. Nach einer Weile lenkt Till das Pony auf einen Waldweg.
»Wann machen wir denn unser Picknick?«, fragt Jonas.
»Gleich«, sagt Till. »Wenn wir einen richtig schönen Platz gefunden haben.«
Es geht immer tiefer in den Wald. Sie kommen an mehreren Lichtungen vorbei, aber nirgendwo gefällt es Till.
»Hier war ich noch nie«, sagt Jonas schließlich. »Weißt du, wo wir sind?«
»Klar!«, sagt Till. »Ich kenne den Wald wie meine Westentasche.«
Doch als sie an eine Weggabelung kommen, hält er die Kutsche plötzlich an.
»Was ist los?«, fragt Maike.
»Ich glaube, wir haben uns doch verfahren«, sagt Till kleinlaut. »Sind wir hier nicht schon mal gewesen?«

»Stimmt!«, ruft Jonas. »Den umgestürzten Baumstamm da drüben hab ich vorhin schon mal gesehen.«

Maike hat auf einmal ein mulmiges Gefühl im Bauch. Was, wenn sie den Rückweg nicht mehr finden?

»Vorhin sind wir nach links gefahren«, sagt Till. »Also probieren wir jetzt den anderen Weg.«

Max trabt los. Aber nach einer Viertelstunde stehen sie wieder an der Weggabelung mit dem umgestürzten Baumstamm.

»Mist!«, ruft Till.

»Ich will nach Hause!«, jammert Jonas.

Maike schluckt. Sie hat einen dicken Kloß im Hals. Am liebsten wäre sie jetzt auch schon wieder zu Hause. Sie sieht Till an, aber der macht ein ratloses Gesicht. Da hat Maike plötzlich eine Idee. Na klar! Wenn jemand den Weg kennt, dann Max. Sie nimmt eine Möhre aus dem Picknickkorb und springt vom Kutschbock.

»Hier, für dich«, sagt Maike und gibt Max die Möhre. Max mag Möhren für sein Leben gern. Während er zufrieden kaut, flüstert Maike ihm ins Ohr: »Kannst du uns nicht nach Hause bringen?«

Max wiehert, und Maike klettert schnell wieder zurück in die Kutsche. Da setzt sich Max auch schon in Bewegung. Zielstrebig zieht er die Kutsche durch den Wald, bis die Straße durch die Bäume schimmert.

»Super, Max!«, ruft Jonas glücklich. »Du hast uns gerettet!«

Auch Till sieht erleichtert aus. »Gut, dass wenigstens Max sich im Wald auskennt«, sagt er und lenkt die Kutsche auf den Hof.

»Und hier ist ein richtig schöner Platz für unser Picknick«, sagt Maike. Sie zeigt auf die Wiese neben der Scheune. »Ich hab nämlich einen Mordshunger! Und Max bekommt eine extragroße Möhre.«

Das große Ritterturnier

»Was hältst du davon, wenn wir beim großen Ritterturnier mitmachen?«, fragt Ritterin Ruth ihr Pony Poldi. »Man kann eine Reise ins Drachenland gewinnen. Da wollten wir doch schon immer mal hin.«
Poldi macht ein bedenkliches Gesicht. »Stimmt, aber daraus wird leider nichts. Bei dem Turnier dürfen Mädchen und Ponys nicht mitmachen. Nur Ritter und große Pferde.«
»Was?! So eine Gemeinheit!«, schimpft Ruth. »Das lassen wir uns nicht bieten. Was die können, können wir schon lange! Wir machen einfach trotzdem mit. Und ich weiß auch schon, wie ...«
Ruth zieht ihre beste Ritterrüstung an und setzt den Helm für besondere Gelegenheiten auf. Dann klappt sie das Visier herunter. »So, jetzt erkennt mich keiner mehr.«
Poldi wirft sie eine goldene Decke über, um sein struppiges Ponyfell zu verdecken. Unter die Decke schiebt sie ein dickes Kissen.
»So merkt niemand, wie klein ich in Wirklichkeit bin«, erklärt Ruth Poldi. »Und du stellst dich gleich einfach auf die Hufspitzen, wenn wir uns anmelden.«
»Ich weiß nicht ...«, seufzt Poldi. »Das geht bestimmt schief.«
»Ach was«, sagt Ruth und schwingt sich auf Poldis Rücken. »Wir schaffen das schon.«
Vor dem Turnierplatz steht ein großer Ritter und brüllt: »Name?«

»Ru... Rufus«, antwortet Ruth mit tiefer Stimme. »Und das ist Poldi, mein Schlachtross.«

»Poldi?«, fragt der Ritter. »Merkwürdiger Name. Für ein Schlachtross ist dein Pferd außerdem ziemlich klein, oder?«

Poldi reckt sich in die Höhe, und Ruth sagt: »Klein, aber oho. Dürfen wir jetzt mitmachen oder nicht?«

Der Ritter nickt. »Von mir aus. Viel Glück, Ritter Rufus.«

»Puh!«, ruft Ruth erleichtert, als sie sicher ist, dass niemand außer Poldi sie hören kann. »Das wäre geschafft. Nur gut, dass der Ritter nicht so genau hingeguckt hat.«

Auf dem Turnierplatz reiten sich die Ritter gerade warm. Der König und die Königin thronen auf goldenen Sesseln und schauen zu. Plötzlich galoppiert ein Reiter in schwarzer Rüstung auf den Platz.

»Das ist der schwarze Ritter«, flüstert Ruth Poldi ins Ohr. »Bisher hat es noch niemand geschafft, ihn zu besiegen.«

Der schwarze Ritter kämpft nacheinander gegen alle Herausforderer. Er gewinnt jedes Mal. Ruth und Poldi kommen als Letzte dran.

»Auf die Plätze, fertig, los!«, ruft der Schiedsrichter, und schon schießt Poldi über den Turnierplatz. Von der anderen Seite kommt ihnen der schwarze Ritter entgegen. Er hält eine lange Lanze in der Hand, mit der er Ruth vom Pferd stoßen will.

»Kopf runter!«, flüstert Ruth Poldi zu. Blitzschnell zieht sie das Kissen unter der Ponydecke hervor und lässt es unbemerkt ins Gebüsch fallen. Dann macht sie sich auf Poldis Rücken ganz klein.

So saust sie einfach unter der Lanze hindurch. Die Zuschauer klatschen begeistert. Der schwarze Ritter ist so verdutzt, dass er das Gleichgewicht verliert und in hohem Bogen durch die Luft segelt. Er landet mitten in einem

Haufen dampfender Pferdeäpfel. Die Zuschauer lachen, und der schwarze Ritter schäumt vor Wut.

»Ritter Rufus ist der Sieger!«, verkündet der Schiedsrichter.

Ruth verbeugt sich und tritt vor den König.

»Herzlichen Glückwunsch«, sagt der König. »Du hast die Reise ins Drachenland gewonnen. Darf ich dich jetzt bitten, dich zu erkennen zu geben, Ritter Rufus?«

Ruth nimmt ihren Helm ab und schüttelt ihre dunklen Locken. »Ich bin Ritterin Ruth, und das ist mein Pony Poldi«, verkündet sie mit lauter Stimme. »Da staunt ihr, was? Wir wollten euch mal zeigen, dass Mädchen und Ponys genauso gut kämpfen können wie die Großen!«

Ein Raunen geht durch die Menge, und der König kriegt vor lauter Staunen den Mund nicht mehr zu.

Da steht die Königin auf. Sie lächelt. »Du hast völlig Recht. Dein Pony und du, ihr seid ein tolles Team, und ihr habt euch die Reise ins Drachenland wirklich verdient. Applaus für Ritterin Ruth und ihr Pony Poldi!«

Die Zuschauer jubeln und klatschen, und Ruth und Poldi verbeugen sich stolz nach allen Seiten.

Mein Steckenpferd ist das schönste!

»Ich hab mein neues Steckenpferd mitgebracht«, sagt Lisa, als sie nachmittags bei Marie klingelt. »Wollen wir ein bisschen reiten?«
»Klar«, sagt Marie. »Ich hol nur schnell Lore.«
Lore ist Maries Steckenpferd. Es ist sehr alt und hat sogar schon Maries Mutter gehört. Maries Oma hat es vor vielen Jahren selbst gemacht. Lores Kopf besteht aus einer ausgestopften Socke, ihre Augen sind zwei schwarze Knöpfe, und als Mähne hat Oma braune Wollfäden an ihren Kopf genäht.
»Das ist Sturmwind«, erklärt Lisa, als Marie mit Lore nach draußen kommt. »Hab ich letzte Woche zum Geburtstag bekommen.«
Sturmwind hat einen schwarzen Kopf und eine pechschwarze Plastikmähne. Er sieht wild und feurig aus. Lore sieht kein bisschen wild und feurig aus, sondern eher lieb und brav.
»Wahnsinn«, sagt Marie. »Sturmwind ist bestimmt ganz schön schnell, oder?«
Lisa nickt. »So schnell wie der Wind. Und er kann noch etwas.« Sie zieht an einem Bändchen hinten an Sturmwinds Kopf.
»Hühühüh«, macht Sturmwind.
Es klingt etwas blechern, aber trotzdem wunderschön, findet Marie.
»Sturmwind kann ja richtig wiehern«, sagt sie beeindruckt. »Toll!«
Lore kann nicht wiehern. Außer wenn Marie für sie wiehert, aber das ist nicht dasselbe. So langsam hat Marie gar keine Lust mehr, mit den Steckenpferden zu spielen.
»Sollen wir nicht lieber zum Spielplatz gehen?«, fragt sie. »Ich glaube, Lore ist heute ein bisschen müde.«

»Wir können ja zum Spielplatz reiten«, sagt Lisa und galoppiert sofort los.
»Hüa, Sturmwind, schneller!«, ruft sie.
Marie bleibt nichts anderes übrig, als Lisa hinterherzureiten. Aber Lore ist heute wirklich sehr langsam. Es dauert Ewigkeiten, bis Marie beim Spielplatz ankommt. Lisa und Sturmwind sind schon längst da.
»Sollen wir mal kurz tauschen?«, fragt Lisa.
»Na klar!«, ruft Marie und steigt sofort von Lores Rücken.
Dann reiten Lisa und Marie eine Runde um den Spielplatz. Alle paar Schritte lässt Marie Sturmwind wiehern.
»Ich hätte auch gerne ein Pferd, das richtig wiehern kann«, sagt sie sehnsüchtig.

Lisa zuckt mit den Schultern. »Ja, das ist ganz nett.« Sie streicht über Lores Mähne. »Aber deins ist auch toll. Weil es eine richtige Mähne hat. Die fühlt sich so schön weich an – wie bei einem echten Pferd.«
»Findest du?« Marie schielt zu Lore hinüber. Ihre Wollmähne fliegt im Wind wie echte Pferdehaare. Das ist Marie vorher noch nie aufgefallen.
»Und ihre Augen glänzen so schön«, sagt Lisa. »Ich finde, sie guckt richtig lieb.«
»Hm, kann schon sein«, sagt Marie.
Sie reitet noch eine Runde auf Sturmwind, aber sie lässt ihn jetzt nicht mehr so oft wiehern. Irgendwie wird das nach einer Weile langweilig. Außerdem klingt das Wiehern überhaupt nicht echt. Komisch, dass ihr das vorhin gar nicht aufgefallen ist.
»Sollen wir zurücktauschen?«, fragt Marie schließlich.
Sie ist richtig froh, als sie wieder auf Lores Rücken sitzt. Lores Augen glänzen, und Marie findet, dass sie sogar noch ein bisschen lieber aussieht als sonst.
»Komm, wir spielen Indianer!«, ruft Marie Lisa zu.
Und als Marie losgaloppiert, fliegt Lores Mähne im Wind. Wie echte Pferdehaare.

Eine Freundin für Fridolin

Fridolin steht zwischen den anderen Ponys auf der Weide und döst vor sich hin.
Die Sonne scheint ihm direkt auf den Rücken, und Fridolin schnaubt wohlig. Doch plötzlich werden die anderen Ponys unruhig. Fridolin hebt den Kopf und spitzt die Ohren.
Man hört laute Stimmen, Lachen und das Trampeln vieler kleiner Füße. Die Ferienkinder kommen! Sie verbringen ihre Sommerferien auf dem Ponyhof. Jeden Nachmittag holen sie die Ponys von der Weide und machen einen Ausritt in den Wald.
Die anderen Ponys tänzeln zum Gatter und wiehern aufgeregt. Sie freuen sich auf den Ausritt. Es macht ihnen Spaß, durch den Wald zu traben. Dort ist es schön kühl, und das Gras auf den Waldlichtungen ist viel saftiger als auf der Weide. Auch Fridolin trottet langsam zum Zaun.
Die Kinder schreien jetzt alle durcheinander.
»Ich nehme Lilly!«
»Und ich Rotfuchs!«
»Ich will auf Goldstern reiten!«
»Nein, heute krieg ich Goldstern! Du hattest ihn gestern schon. Nimm doch Fridolin.«

»Fridolin will ich nicht. Der ist viel zu langsam. Außerdem ist er immer so störrisch.«

Fridolin lässt den Kopf hängen. Wieder mal will kein Kind auf ihm reiten, und er bleibt allein auf der Weide zurück. Bloß, weil er bei einem Ausritt manchmal stehen bleibt, um sich ein bisschen auszuruhen.

Schließlich ist Fridolin das älteste Pony auf dem Hof. Aber das interessiert die Kinder nicht. Sie wollen lieber auf den jungen, schnellen Ponys reiten. Traurig zupft Fridolin ein bisschen Gras von der Weide und schaut den anderen Ponys hinterher, die gerade auf dem Reitweg davontraben. Die haben es gut! Fridolin seufzt. Das wird bestimmt wieder ein langer, langweiliger Nachmittag allein auf der Weide.

Da sieht Fridolin plötzlich ein Mädchen am Zaun. Fridolin schaut es an, und das Mädchen schaut Fridolin an. Das Mädchen ist ganz still, und das gefällt Fridolin. Langsam trabt er näher zum Zaun.

»Hallo«, sagt das Mädchen. »Ich bin Anna.«

Fridolin stupst Anna vorsichtig mit der Nase an.

Anna kichert und streichelt Fridolins Hals. »Du hast aber schönes, weiches Fell!«

Dann krault Anna Fridolin hinter den Ohren. Fridolin lässt sich das gerne gefallen. Er schnaubt leise.

»Du bist gar nicht so wild wie die anderen Ponys«, sagt Anna. »Vor denen hab ich immer ein bisschen Angst.«

Anna sieht in Fridolins dunkle, sanfte Augen.
»Sollen wir morgen zusammen ausreiten?«, fragt sie.
Fridolin nickt und macht vor Freude einen kleinen Luftsprung. Es wollte schon so lange keiner mehr mit ihm ausreiten.
Anna lacht. »Ich glaube, wir passen gut zusammen.«
Fridolin wiehert zustimmend. Jetzt hat er endlich eine Freundin gefunden!

Die schönsten Vorlesebücher für Kinder

ab 4 Jahren

Isabel Abedi
**Kleine Drachen-
Geschichten
zum Vorlesen**
Ab 4 Jahren · 48 S.
ISBN 978-3-7707-2106-1

Isabel Abedi
**Kleine Ferien-
Geschichten
zum Vorlesen**
Ab 4 Jahren · 48 S.
ISBN 978-3-7707-2104-7

Elisabeth Zöller/
Brigitte Kolloch
**Kleine Einschlaf-
Geschichten
zum Vorlesen**
Ab 4 Jahren · 48 S.
ISBN 978-3-7707-2916-6

Isabel Abedi
**Kleine Hexen-
Geschichten
zum Vorlesen**
Ab 4 Jahren · 48 S.
ISBN 978-3-7707-2101-6

Isabel Abedi
**Kleine Piraten-
Geschichten
zum Vorlesen**
Ab 4 Jahren · 48 S.
ISBN 978-3-7707-2105-4

Marliese Arold
**Kleine Kindergarten-
Geschichten
zum Vorlesen**
Ab 4 Jahren · 48 S.
ISBN 978-3-7707-2102-3

**Das Vorleseprogramm von ellermann –
für Kinder im Alter von 2, 3 und 4 Jahren**

Weitere Informationen unter:
www.ellermann.de

Die schönsten Vorlesebücher für Kinder

ab 4 Jahren

Sandra Grimm
Kleine Delfin-Geschichten zum Vorlesen
Ab 4 Jahren · 48 S.
ISBN 978-3-7707-2641-7

Maja von Vogel
Kleine Abenteuer-Geschichten zum Vorlesen
Ab 4 Jahren · 48 S.
ISBN 978-3-7707-3941-7

Frauke Nahrgang
Kleine Geschwister-Geschichten zum Vorlesen
Ab 4 Jahren · 48 S.
ISBN 978-3-7707-3330-9

Elisabeth Zöller/
Brigitte Kolloch
Kleine Dinosaurier-Geschichten zum Vorlesen
Ab 4 Jahren · 48 S.
ISBN 978-3-7707-2917-3

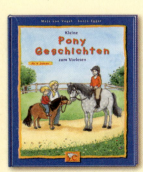

Maja von Vogel
Kleine Pony-Geschichten zum Vorlesen
Ab 4 Jahren · 48 S.
ISBN 978-3-7707-3942-4

Maja von Vogel
Kleine Strand-Geschichten zum Vorlesen
Ab 4 Jahren · 48 S.
ISBN 978-3-7707-3940-0

Henriette Wich
Kleine Ritter-Geschichten zum Vorlesen
Ab 4 Jahren · 48 S.
ISBN 978-3-7707-396

Das Vorleseprogramm von ellermann –
für Kinder im Alter von 2, 3 und 4 Jahren

Weitere Informationen unter:
www.ellermann.de